AF384678

L'INIVSTE PRISON

DE MESSIEVRS

LES PRINCES,

ET

Les Conuulſions de la France durant leur detention.

Par vn Gentilhomme François.

A PARIS,

Chez IEAN PASLE', au Palais, à l'entrée de la Salle
Dauphine, à la Pomme d'Or Couronnée.

M. DC. LI

Auec Permiſſion.

ONSIEVR,

A cent lieuës de vous vous m'auez blessé par vos dernieres
Lettres, & en m'apprenant l'iniuste detention des Princes, vous
m'auez donné le coup mortel, qu'vn insolent Ministre a donné
à toute la France en les emprisonnant. I'aime & ie crains à cette
heure ce qui vient de vous, ie tremble à toutes les depesches
que i'en reçoy, & ayant autant d'apprehention que de curiosité,
chaque ligne m'est vn supplice, & ie n'en tourne iamais le feuillet
qu'auecque peur. Depuis douze cens ans que la Monarchie est
establie, ie n'ay point veu dans toute l'Histoire des Fauoris qu'vn
Ministre estranger ait fait durant vne Minorité vn pareil attentat
sur le sang de son Roy, & sur les enfans de la Maison.

La Cour de France est aujourd'huy l'Afrique de ce siecle, qui
ne produit que des monstres & des prodiges. Ie croyois que la
puissance des Maires du Palais s'estoit esuanouye auec leur nom:
mais il en est arriué côme de ces fleuues, qui ayât couru quelques
Prouinces tombent en des gouffres, & se cachent sous terre pour
vn temps, d'où ils sortent plus impetueux & plus violens apres
quelques lieuës, & se iettent sur les plaines auec la mesme rapi-
dité & le mesme orgueil qu'auparauant.

Ils sont reuenus, ces insolens Maistres de leurs Roys, sous le
nom de premiers & de principaux Ministres: le nom est different: mais l'audace en est pareille: Ils n'ont fait que changer de
masque, ils en ont conserué les desseins, en continuent les vio-
lences, & nous en font sentir la tyrannie.

Ie ne sçay pas si ce grand Criminel, qui croit que l'impunité est attachée à sa pourpre sçait bien ce que c'est que d'attaquer des vertus si publiquement adorées : & de chocquer l'Eglise & l'Estat en la personne de deux Augustes Freres, qui en font chacun à sa façon les deux miracles.

Il faut que ie vous auoüe que ie perds & sens & raison apres auoir perdu ces Princes, quand ie voy vn valet Sicilien estre paruenu à ce poinct d'authorité en France, que d'arrester deux Bourbons, & enfermer dans vne Tour le redoutable C O N D E', & l'Illustre C O N T Y, dont toute la terre ne peut enfermer la gloire, & dont les belles actions enrichiront tous les siecles qui restent à la durée de cette Monarchie.

I'en suis malade aussi bien que la France, j'en sens les mesmes Conuulsions que l'Estat : & i'ay tracé sur le papier quelques-vns de mes transports & de mes emportemens que ie vous enuoye, & que ie puis nommer, le Portraict de tous les cœurs de la Noblesse de cette Prouince.

Ces mouuemens ne sont pas bien acheuez, puisque mes ennuy en ont esté les Peintres, & qu'ils sont les effets de mon déplaisir & de mes dépits. Iugez de ce que ces tristes peres peuuent faire, & ce que ces sources ameres peuuent produire. Ce sont des indignations, des defaillances & des conuulsions d'vn esprit irrité. L'amour & le deuoir m'auoient mis la main à la plume, la colere & la douleur les ont souuent interrompus, ce sont des ouurieres qui trauaillent auec plus de fougue que de iustesse, ie ne sçay si elles auront mieux fait qu'eux, ou si elles ont tout gasté, la tristesse a refroidy ma veine, & les pleurs ont quelquefois esteint mon feu. Enfin, ie pretends souspirer, & non pas faire des vers, c'est vne pasmoison & non pas vne Poësie. Ie n'ay inuoqué que la Iustice du Roy, le courage de la Noblesse, & la vengeance de tous les François interessez dans cette fatale prison : Et la passion & la melancolie ont esté toutes mes Muses. Vous sçauez quel est nostre theatre, & qui est de nostre Cabinet, parlons peu, faisons beaucoup, & n'épargnons rien pour rauoir nostre bien, & remettre en liberté ces grands Prisonniers, dont le salut fait nostre bonheur, & toute la felicité de nostre siecle. Ie suis,

Vostre seruiteur L. D. L.

L'INIVSTE PRISON
DE MESSIEVRS
LES PRINCES,
ET
Les Conuulsions de la France durant leur détention.

I.

Voir languir en prison trois Testes Couronnées,
De la Maison Royale vne illustre moitié !
François, voir sans dépit, ou bien voir sans pitié
  Trois Deïtez emprisonnées ?
Trois Heros dont la vie, & le cœur, & la main,
(Aujourd'huy dans les fers d'vn Ministre inhumain)
Ont sauué de l'Estat la mourante Fortune,
HENRY, l'Ange de Paix de Munster regretté !
ARMAND le Protecteur de la cause Commune !
LOVYS le fier appuy de la Minorité,

B

II.

Ce sang, ce mesme sang qui regne dans le throsne,
Dont ces Princes guerriers par leurs exploits diuers,
Ont par tout respandu le nom dans l'Vniuers,
    Depuis le Gange jusqu'au Rhosne ;
Dont ils ont embelly la gloire & la grandeur,
Dont ils ont augmenté l'esclat & la splendeur
Dans les Pais diuers que le Soleil esclaire,
En des Grilles de fer indignement traitté ;
François, le peux-tu voir sans honte ou sans colere
Dans le troisiesme mois de sa captiuité ?

III.

Voir oisif en prison ce Foudre de la Guerre,
Ce Vainqueur redoutable adoré des humains,
Qui tenoit tout en crainte, & portoit dans ses mains
    Le Destin de toute la Terre ?
Ce Miracle viuant, qui monstroit à la Cour
Vn Courage de Mars, vn visage d'amour,
De tous les deux vnis vn portrait sans exemple,
Vn Heros qui ne cede en rien aux immortels,
De toutes les Vertus, ou le Throsne ou le Temple,
Où l'vne a ses Lauriers, & l'autre a ses Autels.

IV.

Le voir ce ferme Appuy sur qui l'Estat se fonde,
Qui l'ayant augmenté de tant d'Estats puissans,
S'il n'a pris l'Vniuers, a battu tous les ans
    Vn Roy qui regne en tout le monde:
Ce donneur de Combats, de Batailles, d'Assauts,
Cét Alcide nouueau, dont les fameux trauaux
Ont mis l'ancienne Histoire en cinq ou six campagnes,
Ce Vainqueur eternel, ce Foudre, ce Torrent,
A qui de part en part percer les Allemagnes,
Est l'ordinaire jeu de son Bras Conquerant.

V.

Le voir dans les liens ce fameux Germanique,
De qui l'œil obligeant craint ou chery de tous,
Exerçoit sur les cœurs vn empire si dous,
    L'object de l'Amitié publique ?
Ce Vaillant, dont le nom fait honte aux Demidieux,
De qui la Renommée éclatante en tous lieux,
De ce siecle guerrier est le premier prodige ?
Ce seul esgal à soy, ce rejetton François,
Qu'a poussé l'immortelle & glorieuse Tige,
Dont l'Arbre pour Rameaux ne porte que des Roys.

VI.

Voir ce grand Conquerant, ce donneur de Batailles,
Cét attaqueur de Forts, de Rochers, de Remparts,
Cét Exterminateur des Aigles des Cesars
  Captif entre quatre murailles !
Celuy dont la Victoire adore les Drapeaux,
Par qui l'Estat accreû de tant d'Estats nouueaux,
Qui sçait l'art d'estonner, ou forcer la Fortune ;
Et passant sur le ventre aux Estats d'Occident,
A dans Dunkerque pris, triomphé de Neptune,
Et receu dans son Port l'hommage du Trident.

VII.

Voir en captiuité l'Illustre Necessaire,
Sans qui nous aurions veu nos Trosnes renuersez,
Apres tant de hazards, tant d'ennemis forcez,
  Le voir prisonnier, & se taire !
Debuoir tout à sa gloire, & pourtant l'abaisser,
L'adorer dans les fers, & pourtant l'y laisser ?
Ma veine, esueille-toy, ton silence est blasmable :
Eclate, éclate amour dans vn Vers genereux,
Il sied mieux d'estre icy temeraire & coupable,
Que d'estre plus long-temps vn muet malheureux.

VIII.

VIII.

François, depuis trois mois que tu vois cét outrage,
Veux-tu tousiours rester dans l'esbahissement,
Et ne t'en ressentir que par l'estonnement
  Des grands maux le lasche langage?
Cœur noyé de douleur, sors de ta pasmoison,
Eschape-toy, mon ame, & quitte ta prison,
Sors un peu de l'extase & de la retenuë,
Ie sens un feu vengeur s'allumer dans mes os,
Beau captif, romps ta chaisne, esclair creue ta nuë,
Ie ne puis plus me taire en perdant mon Heros.

IX.

En ce Donjon, qui sort du sein de la Campagne,
On punit le Vengeur de la Rebellion,
La Cour l'ingrate Cour enchaisne son Lyon,
  Vainqueur des Lyons de l'Espagne:
Elle met, la perfide, en des Grilles de fer,
Ce Courage fameux qu'elle a veu triompher
Et des Roys & des Dieux, jaloux de sa Puissance;
Qui pour elle s'est fait la haine des Mutins,
Et qui conquerant tout, vainquant tout pour la France,
De la France pour elle a choqué les Destins.

C

X.

Espagne combattuë, & toy France obligée,
Que voſtre traitement eſt pour luy different!
L'vne en fait vn coupable, & l'autre vn Conquerant,
L'vne eſt fiere, & l'autre affligée.
Celle qu'il a vaincuë en fait vn Dieu nouueau,
Celle qu'il a ſauuée haſte icy ſon tombeau;
L'vne adore ſon nom, l'autre fleſtrit ſa gloire;
L'vne tient en priſon le premier des mortels,
L'autre luy fait baſtir vn Temple de Memoire;
L'vne donne des fers, & l'autre des Autels.

XI.

Dans vne ſombre chãbre, & dãs vingt pieds d'eſpace
Où l'air meſme ſe ſent de leur captiuité,
Et le iour n'entrant pas auecque liberté,
Souffre ſa part de leur diſgrace.
Là de gardes muets touſiours enuironné
Ce Guerrier, dont la main a cent fois couronné
De Lauriers eternels la teſte du Monarque;
Luy de qui l'Occident eſtoit jadis le Cours,
Dans vn triſte repos voit filer à la Parque
A la honte des Dieux les plus beaux de ſes iours.

XII.

France, tous ses combats sont ses tapisseries,
Norlingue, Philisbourg, Fribourg, Lens & Rocroy;
Dans ces fameux hazards qu'il a courus pour toy
*   Il dissipe ses resveries;*
Il ne reproche rien, mais il se plaist à voir
Ces éclatans tesmoins qu'il a fait son devoir:
Que sa fidelité vaincra la calomnie;
Qu'il est persecuté, mais non pas abbatu;
Que la Vertu captive ou la vertu bannie
Dans l'vn ou l'autre estat est tousiours la Vertu.

XIII.

Tout enfermé qu'il est, il court toute l'Europe,
Ses Batailles luy sont de nobles entretiens,
Cette Ame vaste & grande au delà des liens,
*   Elle-mesme se déuelope:*
Là des champs de Rocroy regardant le tableau,
Du regne d'aujourd'huy le glorieux berceau,
Le coup de main fatal qui fonda la Regence,
C'est là, luy dit son cœur, qu'au combat le dernier
Le plus beau de ton sang fut versé pour la France
Pour celle qui te rend aujourd'huy prisonnier.

XIV.

Là voyant de Fribourg les campagnes fumantes
Du carnage fameux de dix mille Allemans,
Qui laisserent vaincus dans leurs retrenchemens
  Mille carcasses languissantes ;
Où nos Braues, montans sur des monceaux de morts,
Grimpoient sur leurs remparts, escaladoient leurs Forts;
Des Assiegeans vainqueurs assiegerent l'Armée;
Deuant Fribourg captiue ils la mirent en dueil,
Et dans son propre camp l'ayant toute assommée,
De son enceinte mesme en firent son cercueil.

XV.

Là, dit-il en soy-mesme, opprimée Allemagne,
Je fis reuoir au Rhein, qui depuis neuf cens ans
Gemissoit sous le joug de diuers Conquerans,
  L'ancien sang de son Charlemagne ;
De ses Vsurpateurs j'arrestay les exploix,
Et l'ayant arrosé du sang de ses vrays Roys;
Ie fis dessus ses bords germer les Lys de France ;
Mes drapeaux en tous lieux portoient la liberté ;
Baden, Neubourg, Dourlac, Spire, Vormes, Mayece,
Eurent de moy le bien que les Cieux m'ont osté.
                                        XVI.

XVI.

En suite Philisbourg son illustre conqueste,
A la garde du Rhein Bouleuard destiné,
De tant de bastions Philisbourg couronné,
    Monstre son orgueilleuse teste;
Là ce Prince pensif voyant ses Estendars
Arborez en dix iours sur ces fameux rempars,
Le redoutable Nid de l'Aigle Imperiale;
Voila de mes pechez, dit-il, tous les portraits!
Voila ce que punit vne Cour desloyale,
Et mes Victoires sont les crimes que j'ay faits.

XVII.

Du combat de Norlingue il voit icy l'image,
Où le Peintre le fait combattre en chaque rang,
Et trace auec du fer, de la flamme & du sang
    L'affreux portrait de son courage;
Là sous ses pieds on voit les Aigles des Cesars,
Des testes & des bras, des corps, des estendars;
Gœutz, Mercy, les Heros d'Austriche & de Bauiere,
Et le Danube mesme encore rougissant
Par sept vastes canaux, par sept bras de riuiere
En traisne le carnage en la mer du Croissant.

D

XVIII.

Ah sort injuste sort! quel estrange spectacle?
Que ton caprice fait d'estranges changemens!
Ce Braue que tu mets sur ces tas d'ossemens,
De nostre siecle le miracle.
Ce Vainqueur qui s'asseoit sur ces monceaux de morts,
Cet Hercule deuient par de secrets ressorts
D'Arbitre des humains le joüet de la fronde;
Le feu, le fer, la mort & la guerre l'ont craint,
Il portoit dans ses mains la fortune du monde,
Vne intrigue le perd, & pas vn ne le plaint.

XIX.

France, vingt nations tesmoins de sa Victoire,
Murmurent aujourd'huy contre tes factieux:
Le Danube estonné s'en plaint en tous les lieux
A qui ce sang apprit sa gloire;
L'Empire en est émeu, ce grand coup le surprend,
C'est auecque frayeur que l'Europe l'apprend,
La Renommée a peine à dire ces nouuelles,
Ce n'est qu'auec souspirs qu'elle en sçauroit parler,
Et ses larmes sans cesse ayant moüillé ses aisles,
Elle n'a plus de voix, & ne peut plus voler.

XX.

Dans vn tableau voisin cette orgueilleuse place,
La Reyne de la mer, la terreur des Nochers,
Léue pompeusement du milieu des rochers
    Sa teste au Ciel auec audace;
Dunkerque qui donnoit à l'Ocean des loix,
Tout ensemble l'amour & la haine des Roys,
Jllustre par ses vols & par son brigandage,
De cent & cent vaisseaux le havre & le cercueil,
Havre où toute la terre alloit faire naufrage,
Et de tout l'Vniuers & le Port & l'Escueil.

XXI.

Cette superbe Ville en flottes si feconde,
Qui des mers de l'Aurore aux mers de l'Occident,
(Neptune luy quittant son Sceptre & son Trident)
    Gouuernoit l'Empire de l'Onde;
Couroit mille pays de l'vn à l'autre bout,
En mesme temps chez elle, en mesme temps par tout
Enuoyoit en tous lieux ses flottantes armées;
L'Ocean gemissoit dessous ses armemens,
Et de mille canons les bouches enflammées
Auoient appris son nom à tous les Elemens.

XXII.

On voyoit aux abbois cette triste Coupable
Noyée en son pays tout au tour inondé
Dans les Retranchemens de l'Illustre CONDE'
Rendre son ame redoutable ;
Ce monstrueux Estat peuplé de criminels,
Qui fait ses reuenus de ses vols eternels,
Des vices fugitifs le politique azyle,
Aux pieds de ce Vainqueur depose sa fierté,
Et le pinceau qui peint la prise d'vne ville,
Du monde tout entier a peint la liberté.

XXIII.

Ce fut la, dit CONDE', qu'en douze iours de guerre
J'abbatis le Donjon des Tyrans de la mer,
Je remis le Commerce, & fis en fin fermer
La Prison de toute la Terre.
A ces mots il se teut, & son courage égal
Dans sa prosperité de mesme qu'en son mal,
Quoy qu'il ressentist bien sa fortune presente,
Dans sa bouche arresta ces deux reflexions :
Et vous m'ostez vn bien, souuereine Regente,
Que ie viens de donner à mille nations?

XXIV.

XXIV.

Souffre, Prince captif, que suiuant mon genie,
Ie te meine par tout où ton bras valeureux,
Par ce grand coup d'Eſtat a fait des bienheureux,
  Deſtructeur de la Tyrannie;
Regouſte quelques-vns de tes momens joyeux,
Permets-moy d'eſtaller ces Carthes à tes yeux,
L'Amerique, & l'Aſie, & l'Afrique & l'Europe,
Regarde tous ces lieux que la mer va lauer,
Et prononce auec moy quand ie les deueloppe,
Voila tous les Pays que ie viens de ſauuer.

XXV.

Vois-tu dans cette Carthe vne vaſte embouchûre,
Où la Seine en grondant ſe jette dans la mer,
Et comme ayant regret de s'y voir abyſmer,
  En s'y perdant elle en murmure!
La Loire, qui plus bas ſe meſle à l'Ocean,
La Garonne embraſſant la Tour de Courdoüan,
Lisbonne, le Cap-verd, Goa, les Philippines,
Londre, Amſterdam, Dantzic, le Brazil, le Iappon,
Tous ces Havres fameux où par mille Rapines,
Elle a porté la haine & l'horreur de ſon nom.

XXVI.

Compte tous ces Pays où voyageoient ces crimes,
Où ces larrons volans, où ces vaiſſeaux rodoient,
A qui ta Valeur rend tous les biens qu'ils perdoient
    Dans leurs Courſes illegitimes;
Et puis ayant nombré ces Villes & ces Ports,
Couru tout l'Ocean, coſtoyé tous ſes bords,
Veu ſes Havres publics, marqué ſes Promontoires;
Apres ce fameux tour de tant d'Eſtats diuers,
CONDE' ne dis qu'vn mot; l'ay compté mes Victoires,
Voila l'eſtat du bien que me doit l'Vniuers.

XXVII.

Pompée ayant chaſſé des Coſtes d'Italie,
Ces Pirates jadis qui pilloient ſes threſors,
Rome fit eriger vn Arc dans tous ſes Ports
    Pour le Mary de Cornelie:
La paſſion qu'elle eut pour ce grand Bienfacteur,
Fit adorer le nom de ſon Liberateur,
Qui paſſa pour le Dieu gardien de ſon commerce;
Que n'euſſiez-vous point fait, illuſtres paſſions,
Pour celuy dont le bras victorieux renuerſe
L'Arſenal des Brigands de mille Nations?

XXVIII.

La Valeur de Pompée en son temps sans seconde,
Sauua par cet exploit la gloire des Romains :
Mais le Bras de CONDE' sauue tous les humains,
  Destruisant la prison du Monde ;
Pompée affranchit Rome, & CONDE' l'Vniuers ;
L'vn nettoye vn Destroit, l'autre toutes les Mers ;
L'vn sert ses Citoyens, CONDE' sert tous les Hommes ;
L'vn deliure le Tybre, & l'autre l'Ocean :
Et pour faire ce plus dans le siecle où nous sommes,
Il n'a mis que dix iours où l'autre a mis vn an.

XXIX.

Enfin voyant de Lens la memorable Histoire ;
Où le destin d'Espagne, & le destin François,
Et vaincœurs & vaincus disputerent deux fois
  Le Champ d'Honneur & la Victoire
Où la France & l'Austriche en deux Princes fameux
Firent Sang contre Sang vn duel genereux,
Lowys & Leopold deux fois se colleterent ;
Tout le sang Espagnol en l'Archiduc transit,
Les efforts de CONDE' sa vanité domterent,
Et sur dix mille morts sa Victoire s'assit.

XXX.

A l'aſpeċt de ce iour ſi ſanglant & celebre,
Dont la Cour corrompit la Gloire & la Beauté,
Que ſon Miniſtre fit par ſa deſloyauté,
    D'vn iour de ioye vn iour funebre ;
CONDE' d'vn ſentiment Royal & Genereux,
Parut auoir Regret d'vn Bonheur malheureux,
Qui donna de l'audace à l'humeur tyrannique ;
La Victoire de Lens deſpleut à ſon Vaincœur,
Il luy faſcha d'en voir la Feſte ſi tragique,
Et ſa mine monſtra le deſpit de ſon cœur.

XXXI.

Vous en qui ſeul la France & ſubſiſte & reſpire,
A qui le Sang Royal, ailleurs ſans liberté,
Par ſa detention, où ſa Minorité,
    Commet les ſoins de ſon Empire,
Du Throſne des François GASTON le ſeul ſouſtien,
Qui vois au deſhonneur de l'Eſtat Tres-Chreſtien,
Le coup mortel qu'on donne à ta Race Royale :
Et quoy qu'en d'autres corps te vois percer le flanc,
Et par des Eſtrangers l'intrigue deſloyale
Retrancher la moitié des Princes de ton Sang.

XXXII.

XXXII.

Fils de soixante Roys qui les ont mis au monde,
Oncle & Frere des Roys qui les ont esleuez,
D'esprit & de valeur, miracles acheuez,
 Vainqueurs de la terre & de l'onde?
Les pouuez-vous souffrir, ces Cousins prisonniers?
Et n'auez-vous pas veu menant vos pionniers,
Ce CONDE' dont vn traistre auance la ruïne,
Malgré le feu, la flamme, & le plomb meurtrier
Dans vos retranchemens enfermer Graueline,
Et de sa propre main tracer vostre Cartier.

XXXIII.

 Vous l'auez veu, ce Prince, ayant en main la Besche,
Dessigner vostre Camp, tracer tous vos trauaux,
Et son cœur ny son Sang n'ayant point de Riuaux,
 Donner le premier à la Bresche;
Dans le feu, dans la mort il n'a iamais branslé,
Deuant vous & pour vous son visage bruslé,
De sa valeur fidelle est vne illustre marque,
Ces beaux yeux, des Combats les foudres glorieux,
Triomphans de la flamme, & vainqueurs de la parque,
Perdront-ils en prison la lumiere des Cieux?

XXXIV.

L'Amitié des * * * * vous vaut; elle la sienne,
Ont-ils percé pour vous la Flandre & le Brabant,
Le Lyon Espagnol deuant vous se courbant,
    Et l'Aigle en tremblant dans Vienne?
Ont-ils auecque vous couru les Pays-Bas,
Ont-ils veu comme luy vos sieges, vos Combats,
Porté de voſtre part le Cartel à l'Espagne,
Dans les champs de Courtray creué ses Lionceaux,
Enterré ses Heros en sa propre campagne,
Et jusques dans son sein arboré vos Drapeaux.

XXXXV.

GASTON, vous voyez bien que la France en souspire,
Que le temps a guery son assoupiſſement,
Quelle demande enfin leur eslargiſſement,
    Et par ma Bouche ose vous dire?
Craignez-vous point la main qui bleſſe vos Parens?
Ce n'eſt qu'vn meſme Sang en des Corps differens,
Qui perd reſpect pour l'vn, le peut perdre pour l'autre;
On pourſuit hardiment quand on a commencé,
Songez si leur malheur ne peut eſtre le voſtre,
Si la priſon du Prince eſt point vn coup d'eſſay.

XXXVI.

Mais vous, d'où vient ce coup souuereine Regente,
Augufte fille & fœur, femme & Mere de Roy,
Qui voyez l'ennemy venir fondre à Rocroy
    Deffus la France chancelante,
Et qui s'aydant du temps de la diuifion,
De l'Eftat partagé par leur detention,
Eftat qui fe neglige ayant perdu ces Princes,
Se promet d'efbranler ce throfne efpouuanté,
Et ne couche pas moins de deux ou trois Prouinces
Au compte qu'il fe rend de ce fatal Efté.

XXXVII.

Auez-vous dans la Cour vn CONDE' formidable?
Y pouuez-vous trouuer vn autre d'Enguien?
Vne Valeur égale, vn Bras pareil au fien,
    Source de cœur inépuifable;
Qui de voftre Regence affermiffant l'Eftat,
Dans ce fecond malheur fauuant le Potentat,
Durant cette autre crife affeurant fa Couronne,
Faffe fentir encore à ces vains triomphans,
Que s'attaquer à vous, c'eft attaquer Bellonne,
Que nos Roys ny les Dieux ne font iamais enfans.

XXXVIII.

Souuereine Bonté, que l'intrigue a surprise,
La France & vostre Fils ont besoin de support,
Souffrez qu'auec respect ce Fils fasse vn effort,
    Et que pour tous deux il vous dise ?
Dans ma Minorité j'enferme mes Cousins,
Et voyant mon Royaume ouuert à mes voisins,
Ie m'oste mon appuy, mon bras, & mon Espée,
Sous les Drapeaux Flamans ma Frontiere gemit,
Et j'enchaisne la main dedans son sang trempée,
Et j'oste à mon Estat le cœur qui l'affermit.

XXXIX.

    Gardienne de mon Sceptre, & de mon Heritage,
Tous ces interessez dans le debris des Loix,
Aujourd'huy de la France & les Dieux & les Roys,
    A qui mon Estat rend hommage,
Ayant executé leurs dangereux projets,
Vous ont-ils mesnagé l'amour de mes sujets,
Asseuré tous les cœurs qui sont sous ma puissance ?
Et garands de ma gloire & de ma seureté,
Vous ont-ils respondu du salut de la France ?
Vous ont-ils respondu de mon authorité ?

X L.

X L.

Au fort de ce duel dont l'importance extresme,
Diuise l'Occident en deux partis diuers,
Esmeut toute l'Europe, esbranle l'Vniuers,
    Faut-il me desarmer moy-mesme?
Ietter mon Bouclier, me descouurir le flanc,
Me rauir de ma main la moitié de mon sang,
Moy-mesme me donner la mortelle blesseure,
Me priuer d'vn Courage en Victoires fecond,
M'oster dans mon besoin vn cœur que la Nature,
Et les Loix de l'Estat auoient fait mon fecond.

X L I.

Regente des François, cét accident funeste,
Inspire à vostre Fils ce genereux foucy,
Son Royaume qui pleure, & fon peuple tranfi,
    En murmurant vous dit le reste:
Songez qu'il est Monarque aufsi bien que Mineur,
Et que vous confiant fon throfne & fon honneur,
Du throfne & de l'honneur vous en estes comptable?
S'il n'a pas l'aage encore à nous donner la Loy,
La Loy prend fa vigueur de fon nom redoutable,
Et fi c'est vn Enfant, cét Enfant est vn Roy.

G

XLII.

Toy, Reyne des Citez, des Villes le miracle,
Paris de l'Vniuers le superbe abregé,
Tu voy CONTY captif, & sans l'auoir vangé,
    Tu souffres ce cruel spectacle!
Et toy, Tuteur des Roys dans leur minorité,
L'Arbitre du pouuoir & de l'authorité,
Qui vois du grand Armand la liberté rauie,
Parlement qui luy doibs & iustice & faueur,
Ne te souuient-il plus qu'en te donnant la vie,
Tu l'honoras iadis du beau nom de Sauueur.

XLIII.

Formidable puissance aux monstres de la terre,
Legitime vengeur des tyrans des mortels,
Ne te souuiens-tu plus qu'il sauua tes Autels,
    Et qu'il fut le Chef de ta Güerre?
Que pour te garentir de ton dernier malheur,
Contre toy les destins armant vne valeur,
De qui la gloire mesme est aujourd'huy l'Esclaue,
Il fut de ton salut le Bouclier fatal,
Contre tes ennemis se declara ton Braue,
Et de son propre Frere il se fit le Riual.

XLIV.

Et toy fier Estranger, Politique perfide,
Qui desoles la France, & luy creues les yeux,
Et rauis à la Cour par vn coup furieux
    Son Apollon & son Alcide;
Sçais-tu ce que ta rage en ce rencontre a pris?
Cognois-tu bien ta proye? En sçais-tu bien le prix?
Tremble, tremble Geolier, de ces Grands miserables,
Du fonds de leur prison ils donnent de l'effroy,
Songe que tes Captifs en des cœurs redoutables,
Ont l'ame d'vn Heros, & le sang de ton Roy.

XLV.

Quand l'art pour conseruer vn vaste amas de poudre,
L'enterre dans le sein d'vn spatieux caueau,
Et pour s'en aeurer enferme en vn tombeau,
    Ce Funeste Germe d'vn Foudre;
Ce dangereux Captif, ouurage meurtrier,
Mesme de son cachot fait peur à l'Ouurier,
Tout Geolier qu'il en est, il n'en est pas le Maistre,
Comme il en est l'autheur, il en cognoist l'effort,
Et fremit quand il sçait que ce Corps de salpestre,
A pour Ame le feu, la frayeur & la mort.

XLVI.

Mais toy de nos Bourbons l'aimable adoratrice,
Europe dont les pleurs reprochent à l'Estat,
Que voyant sans mot dire vn si lasche attentat,
    Il en est luy-mesme complice ;
Quand tous les vaillans qu'il nourrit dans son sein,
Il deuroit estouffer ce tragique dessein,
Qu'ont sur le sang des Roys la vengeance & l'enuie,
Et la prison estant vn genre de tombeau,
Y souffrir si long-temps les autheurs de sa vie,
C'est par vn parricide en estre le Bourreau.

XLVII.

Non, non, l'Estat n'est point complice de leurs peines,
Son triste & long silence, est l'air d'vn malheureux,
Que leur douleur accable, & qui semble auec eux
    Estre prisonnier dans Vinceines ;
Il a tousiours son cœur, mais vn cœur abbatu,
Qui manque de pouuoir, & non pas de vertu,
Qu'vn mortel desespoir desseiche & rend ethique,
Il a beau s'esmouuoir, il fait de vains efforts,
Europe n'attends rien de ce Paralitique,
Dont ARMAND & LOVYS estoient tous les ressorts.
                                    XLVIII.

XLVIII.

De legeres douleurs quand vne ame est atteinte,
Que sa joye est blessée & son bonheur surpris,
Elle s'écoule en pleurs, elle s'emporte aux cris,
Et s'éuapore toute en plainte;
Elle n'est pas à soy dans son esmotion,
Elle sort au dehors, & suit sa passion,
En rages, en dépits, en murmures feconde;
Elle n'espargne rien dans son emportemeut,
En quelque lieu qu'elle aille, elle éclate, elle gronde,
Et tout son entretien est son ressentiment.

XLIX.

Mais quand vn coup mortel, vne douleur extresme,
Vn malheur sans remede, vn fatal déplaisir,
Surprennent vn esprit, & le viennent saisir,
Ce desolé n'est plus luy-mesme?
Il est tout interdit, n'a ny sens ny raison,
De mesme que son corps il entre en pasmoison,
Toutes ses passions tombent en défaillance,
De tous ses mouuemens l'effet est suspendu,
Et noyé dans l'excez d'vne fiere souffrance,
Ne peut vanger la perte où luy-mesme est perdu.

H

L.

Ce n'est pas qu'en effet une fidelle flamme,
Ne l'excite sans cesse à vanger leur tourment:
Mais peut-on demander le moindre mouuement
A ce grand corps qui n'a plus d'ame;
De ses Princes Captifs dans le triste accident,
Qui saisit tout le monde, & surprend l'Occident;
S'il paroist insensible, & si rien ne le touche?
C'est que perdant son BRAS il n'a plus de VIGVEVR,
Il n'a plus de PAROLE ayant perdu sa BOVCHE,
Et n'a plus d'ACTION ayant perdu son COEVR.

www.ingramcontent.com/pod-product-compliance
Ingram Content Group UK Ltd.
Pitfield, Milton Keynes, MK11 3LW, UK
UKHW021205140726
13695UKWH00005B/2344